W9-AFN-705

Les Sénateurs d'Ottawa

Don Cruickshank

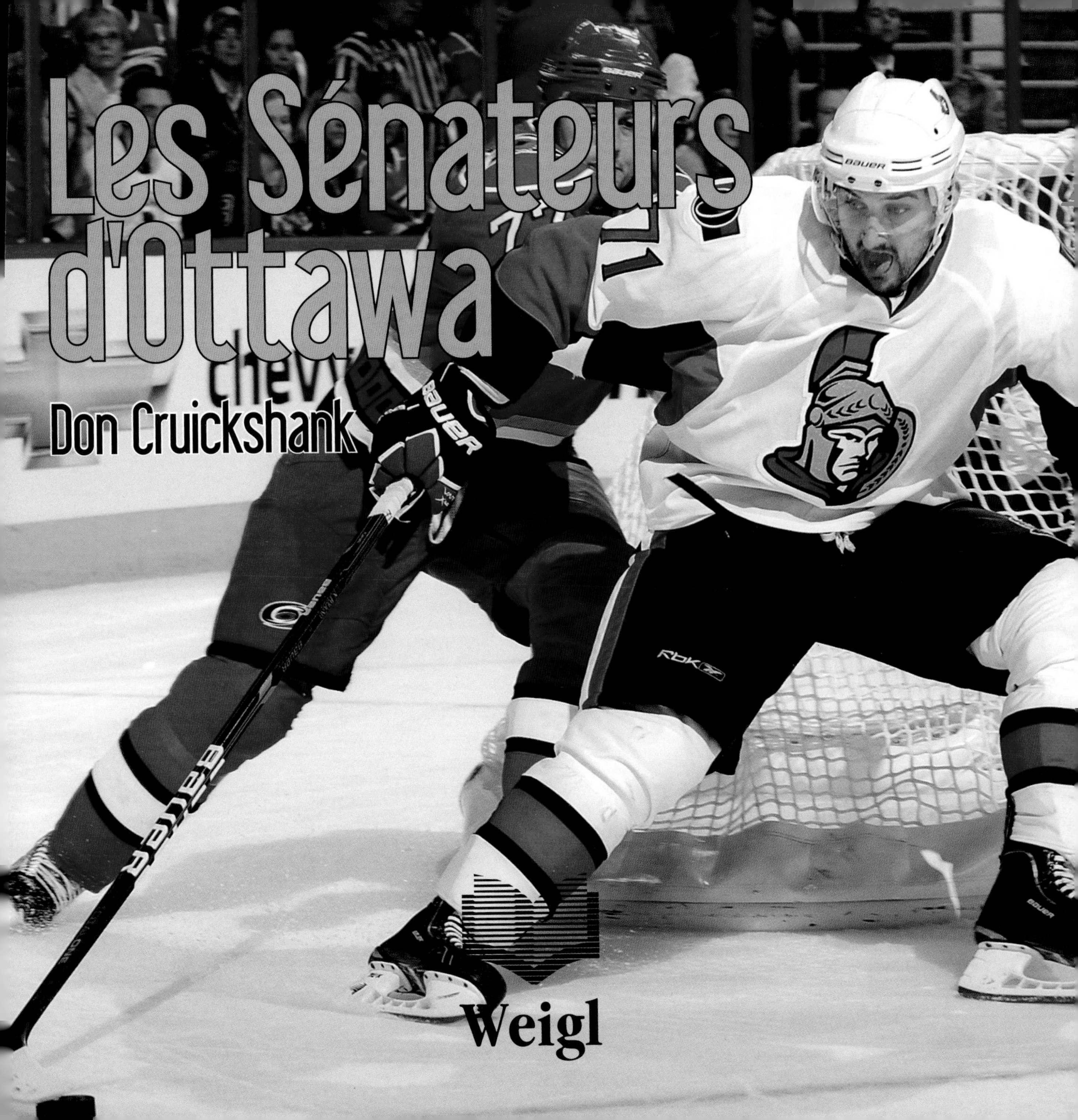

Weigl

La maison d'édition Weigl tient à remercier la famille Hoffart pour avoir inspiré cette série de livres.

Publié par Weigl Educational Publishers Limited
6325 10th Street S.E.
Calgary, Alberta T2H 2Z9
Site web : www.weigl.ca

Bibliothèque et Archives Canada - Catalogage dans les publications
Cruickshank, Don, 1977-
Les Sénateurs d'Ottawa / Don Cruickshank.
(Le hockey au Canada)
Comprend l'index.
ISBN 978-1-77071-425-0 (relié)
1. Les Sénateurs d'Ottawa (équipe de hockey)--Littérature pour adolescents.
I. Titre. II. Série : Cruickshank, Don, 1977- . Le hockey au Canada.
GV848.O89C775 2011 j796.962'640971384 C2011-900791-6

Imprimé aux États-Unis d'Amérique à North Mankato, Minnesota
1 2 3 4 5 6 7 8 9 0 15 14 13 12 11

072011
WEP040711

Coordonnateur de projet : Aaron Carr
Directeur artistique : Terry Paulhus
Traduction : Tanjah Karvonen

Weigl reconnaît que les Images Getty est son principal fournisseur de photos pour ce titre.

Tous les efforts raisonnablement possibles ont été mis en œuvre pour déterminer la propriété du matériel protégé par les droits d'auteur et obtenir l'autorisation de le reproduire. N'hésitez pas à faire part à l'équipe de rédaction de toute erreur ou omission, ce qui permettra de corriger les futures éditions.

Dans notre travail d'édition, nous recevons le soutien financier du gouvernement du Canada par l'entremise du Fonds du livre du Canada.

TABLE DES MATIÈRES

Cup
Belon
anad
HI
AMY
GO

L'histoire des Sénateurs

La Ligue nationale de hockey (LNH) a commencé en 1917. Les Sénateurs d'Ottawa étaient parmi les quatre premières équipes. En 1934, l'équipe était vendue et a déménagé à St. Louis. L'équipe **a fermé les portes** après une saison.

En 1992, Ottawa est devenu membre de la LNH encore une fois comme équipe d'**expansion**. Ils ont choisi leur nom original. Les Sénateurs ont choisi les mêmes couleurs d'équipe : le rouge, le noir et le blanc.

Avant 1934, les Sénateurs ont remporté la Coupe Stanley sept fois.

Bell
Scotiabank
Scotiabank
Place Banque Scotia
3:58
0
0
NORTEL
AIR CANADA
CANADIAN
Mackenzie
Home
pizza pizza
zero
RE/MAX
Scotiabank Place
Place Banque Scotia
STANLEY CUP
PLAYOFFS
SÉRIES ÉLIMINATOIRES
DE LA
COUPE STANLEY
Scotiabank
Techo-Bloc

L'aréna des Sénateurs

En 1920, les Sénateurs ont déménagé à l'Aréna d'Ottawa. L'Aréna d'Ottawa a été démoli en 1965 et a été remplacé par le Centre Municipal d'Ottawa. Lorsque les Sénateurs ont rejoint la LNH, ils ont joué dans le Centre Municipal d'Ottawa pendant trois ans.

En 1996, l'équipe a déménagé au Centre Corel. Aujourd'hui, le Centre Corel est nommé la Place Banque Scotia. Cet **aréna** a **une capacité** de 18 500 spectateurs pendant les matchs de hockey.

L'acier utilisé dans la construction de la Place Banque Scotia pourrait fabriquer 2 700 voitures.

BAUER
25
BAUER
BAUER
BAUER

Les chandails

Le chandail à domicile est rouge avec une bordure blanche et noire. Sur le devant du chandail il y a **le logo** d'équipe, un soldat romain.

Le chandail de visite est pareil au chandail à domicile sauf qu'il est blanc avec une bordure rouge et noire.

Le troisième chandail, le noir, était porté par l'équipe d'Ottawa en 2008. C'était le troisième chandail de rechange porté par les Sénateurs.

Le 'O' sur l'épaule du chandail était le logo des Sénateurs en 1917.

BAUER

Le masque des gardiens de but

Patrick Lalime avait le personnage Marvin le Martien paint dans le style du logo des Sénateurs sur son masque.

Ron Tugnutt a joué pour plusieurs équipes. D'habitude, ses masques étaient peints avec les couleurs de son équipe dans un jet de couleurs.

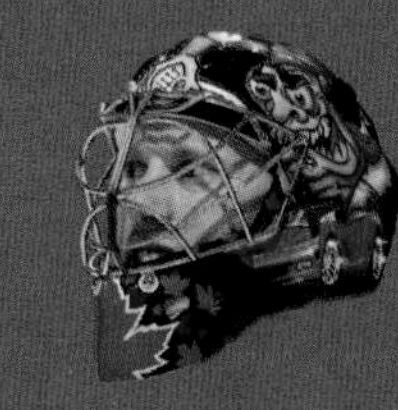

Craig Anderson s'est joint aux Sénateurs tard dans la saison de 2010–2011. Il a peint son masque avec les couleurs d'Ottawa.

Le masque de Robin Lehner est paint avec les couleurs des Sénateurs et de la Suède.

Les entraîneurs

Rick Bowness était l'entraîneur des Sénateurs lorsqu'ils ont rejoint la LNH. Il était l'entraîneur pendant trois saisons.

Jacques Martin était l'entraîneur des Sénateurs de 1996 jusqu'en 2004. L'équipe s'est rendu aux séries éliminatoires chaque année qu'il était entraîneur.

Bryan Murray a commencé comme entraîneur des Sénateurs en 2004. En 2007, il est devenu **le directeur général** de l'équipe.

Cory Clouston a commencé sa carrière d'entraîneur très jeune, au début de la vingtaine.

La mascotte

La mascotte des Sénateurs est un lion géant nommé Spartacat. Il mesure plus de 2 mètres de hauteur et il pèse plus de 136 kilogrammes. Il a de longs cheveux roux touffus. Pendant les matchs, Spartacat mène les cris et amuse la foule.

Le plus grand **rival** de Spartacat est Carlton l'Ours. Carlton est la mascotte des Maple Leafs de Toronto. Parfois, Carlton voyage à Ottawa pour divertir la foule avec Spartacat.

Spartacat tire des hots dogs enveloppé dans du papier d'aluminium dans la foule.

BAUER
A
19

Les records des Sénateurs

Les Sénateurs qui mènent dans les records

Le plus de buts
Daniel Alfredsson
389 buts

Le plus de matchs joués
Daniel Alfredsson
1056 matchs joués

Le plus de minutes de pénalité
Chris Neil
1647 minutes de pénalité

Le plus de passes décisives
Daniel Alfredsson 634
passes décisives

Le plus de points
Daniel Alfredsson
1023 points

Le plus de matchs gagnés par un gardien de but
Patrick Lalime
146 matchs gagnés

Les Sénateurs légendaires

nº 11

DANIEL ALFREDSSON

Position : ailier droit
Saisons avec les Sénateurs : 15
Né : le 11 décembre, 1972
Ville natale : Gothenburg, Suède

DÉTAILS DE CARRIÈRE

Daniel Alfredsson était sélectionné par les Sénateurs d'Ottawa dans **le repêchage universel de la LNH** en 1994. Il a gagné le trophée Calder en 1996 en tant que meilleure **nouvelle recrue** de la ligue. Cette saison-là, il a mené les nouvelles recrues dans les points et dans les passes décisives. Il était aussi la seule nouvelle recrue à mener son équipe dans le tirage au but. Alfredsson était nommé capitaine d'équipe des Sénateurs en 1999. Il est le capitaine d'équipe de plus longue durée de la LNH.

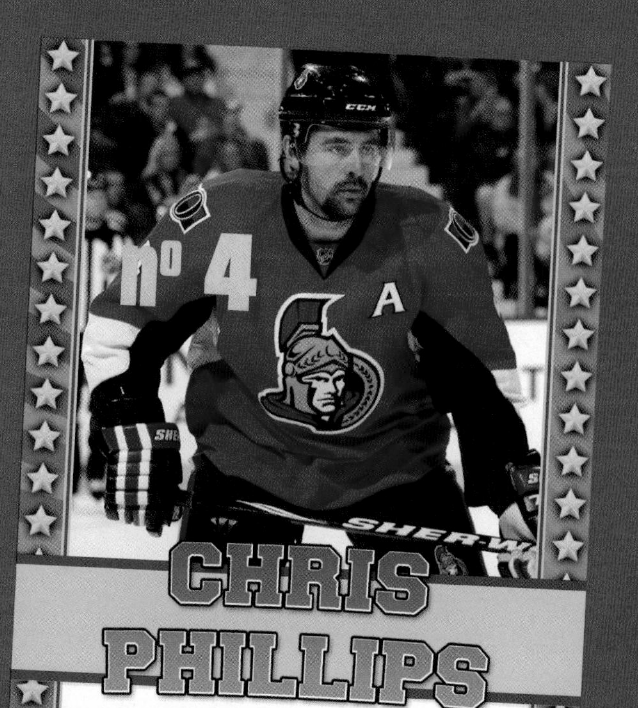

CHRIS PHILLIPS

Position : joueur de défense
Saisons avec les Sénateurs : 13
Né : le 9 mars, 1978
Ville natale : Calgary, Alberta

DÉTAILS DE CARRIÈRE

En 1996, les Sénateurs d'Ottawa ont repêché Chris Phillips en première position. Il est un défenseur de force et un leader d'équipe. Phillips était nommé capitaine alternatif des Sénateurs d'Ottawa en 2006. Depuis cinq saisons, il a seulement manqué un match. Phillips est classé au deuxième rang pour le nombre total de matchs joués avec les Sénateurs.

Les vedettes des Sénateurs

nº 19

JASON SPEZZA

Position : centre
Saisons avec les Sénateurs : huit
Né : le 13 juin, 1983
Ville natale : Toronto, Ontario

DÉTAILS DE CARRIÈRE

À l'âge de 15 ans, Jason Spezza est devenu le plus jeune joueur à jouer dans un match d'étoiles de la Ligue de hockey de l'Ontario. Dans le repêchage de nouvelles recrues de la LNH, Ottawa a sélectionné Spezza en deuxième position. En 2005–2006, Spezza a fini en deuxième place dans la LNH avec 71 passes décisives, un record pour son équipe. En 2007–2008, il a mené les Sénateurs avec 92 points. Parmi les leaders de tout temps des Sénateurs, Spezza se classe au deuxième rang pour le nombre de points et de passes décisives.

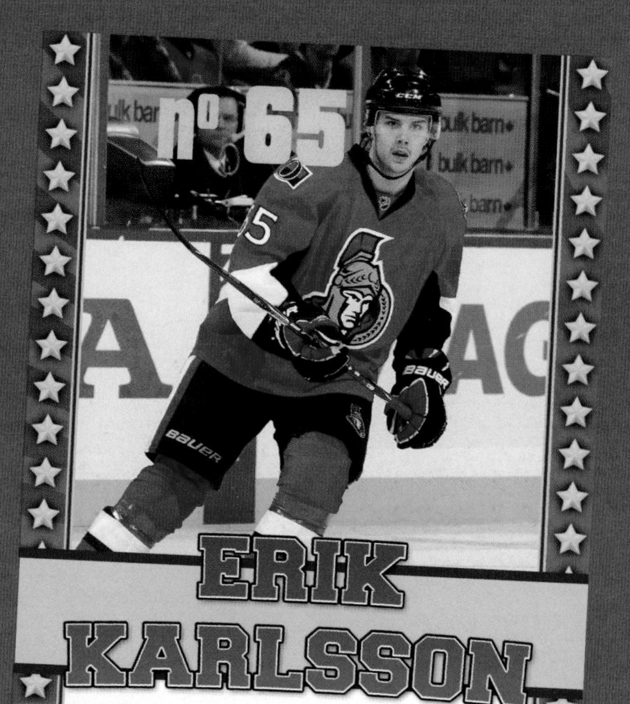

ERIK KARLSSON

Position : joueur de défense
Saisons avec les Sénateurs : deux
Né : le 31 may, 1990
Ville natale : Landsbro, Suède

DÉTAILS DE CARRIÈRE

En 2009, Erik Karlsson a aidé Équipe Suède à remporter la médaille d'argent au Championnat mondial de hockey junior. Karlsson était nommé le meilleur défenseur du tournoi. En 2009–2010, dans sa première saison avec les Sénateurs, il a marqué 26 points, y compris 21 passes décisives. Karlsson s'est classé en deuxième position parmi les nouvelles recrues de l'équipe dans le tirage au but et en première position pour le nombre de passes décisives. Lors de sa deuxième année, il a mené les joueurs de défense des Sénateurs en nombre de buts (13), en nombre de passes décisives (32) et en nombre de points (45).

Les moments inoubliables

1927

Les Sénateurs gagnent contre les Bruins de Boston pour remporter la Coupe Stanley. Ceci est la première année où seul les équipes membres de la LNH ont le droit de disputer **la Coupe Stanley**.

1992

Les Sénateurs d'Ottawa rejoignent la LNH dans la saison 1992–1993. Ils finissent en dernière position et ne sont pas dans les séries éliminatoires.

2003

Dans leur 10e saison après avoir rejoint la LNH, les Sénateurs finissent la saison avec 52 victoires, 21 défaites et 8 matchs nuls. Leur 113 points représentent le plus de points dans la LNH. Ils remportent le trophée du Président en tant que la meilleure équipe de la ligue.

2007

Les Sénateurs retournent au championnat de la Coupe Stanley pour la première fois depuis 1927. Les Sénateurs arrivent au championnat de la Coupe Stanley. Ils perdent la série en cinq matchs contre les Ducks de Anaheim.

2005

Le 5 octobre, 2005, les Sénateurs d'Ottawa et les Maple Leafs de Toronto disputent le premier match de la LNH qui a été décidé par **une fusillade**. Daniel Alfredsson et Dany Heatley marquent des buts pour Ottawa. Leurs bâtons de hockey sont ensuite envoyés au **Temple de la renommée du hockey**.

Les devinettes

Teste tes connaissances des Sénateurs d'Ottawa en trouvant la solution à ces devinettes.

1. Combien de fois les Sénateurs ont-ils remporté la Coupe Stanley ?

2. Quel entraîneur des Sénateurs s'est rendu aux séries éliminatoires chaque année ?

3. Qu'est-ce que la mascotte des Sénateurs tire dans la foule pendant les matchs ?

4. Quel est le nom de l'aréna des Sénateurs ?

5. Quel joueur des Sénateurs a compté le plus de buts dans l'histoire de l'équipe ?

RÉPONSES : 1. sept 2. Jacques Martin 3. les hot dogs 4. la Place Banque Scotia 5. Daniel Alfredsson

Glossaire

aréna : un centre sportif avec une patinoire où les équipes de hockey jouent leurs matchs

capacité : le nombre maximum de personnes qui peuvent entrer dans un stade ou un aréna

Coupe Stanley : le prix de la Ligue nationale de hockey pour l'équipe qui a le mieux joué dans la série éliminatoire

directeur général : le responsable dans l'équipe pour embaucher les joueurs et les entraîneurs, échanger et repêcher les joueurs et l'organisation quotidienne de l'équipe

expansion : une nouvelle équipe

(a) fermé les portes : a cessé d'opérer ou d'exister

fusillade : quand les joueurs tirent sur le but de leur rival, à tour de rôle, pour déterminer le gagnant

Ligue nationale de hockey (LNH) : une organisation des équipes de hockey professionnelles

logo : un symbole qui représente une équipe

mascotte : un animal ou autre objet qui apporte de la chance à une équipe

nouvelle recrue / joueur professionnel depuis moins d'un an : un joueur ou une joueuse dans sa première saison professionnelle

repêchage (universel) de la LNH : la sélection de joueurs de hockey junior pour joindre les équipes de la LNH

rival : un compétiteur

Temple de la renommée du hockey : un musée où on reconnaît la contribution au jeu de hockey des grandes vedettes du passé et d'autres personnes impliquées dans ce sport

Index